Ilmestys Sinä olit

Hiekan pyörre tuulessa

Virvatuli

Kare veden pinnalla

       Paljon on pysyvää kauneutta

Mutta ylivertaista on hetkellinen

          muistamme sen vain välähdyksinä

Perhosen siiveniskut

Yö on silta   kahden valon välillä

Sen tiheässä pimeässä

Unen hurma

Huolten paino

Valveen vaino

Rakastetun syli

Ken uskaltaa sen yli

Uida ilmassa

Lentää vedessä

Maata tulessa

Tulla maaksi

Rakkautesi ristiaallokossa

Ei mahdotonta

Mikään.

On aamun hetki herkin

Antaa sydämelle merkin

Päivä meidät panssaroi

Illan hämy sokeroi

Yössä sielu soi

Kenen kanssa aamun jaat

Kanssaan koet Onnen maat

Rakkauden saat

Usvan lailla lähestyit

vähitellen

vaaniskellen

       Äkisti kiedoit tiheään hurmaan

       Muuta en nähnyt

       En halunnutkaan

Katosit

Sinä ajoituksen mestari

       Lopun ikäni odotan

       Usvaa

Tahtoi kauas

Toivoi pois

Yli vuorien

Vuoksi sydämen, ei kuorien

Tunsi selässään kutinaa

Siivet sai !

Matka onnellinen tulla mahtoi

Kysyt

mihin katosin

Pysyt

vaikka pakenin

Pelkäsin

Yksikin sana olisi halkaissut taivaan

Tulen hehku ihollasi

maalaa kauneimman kartan

      Vuorta, joenuomaa jokaista

      Pensaikkoa, aroa

Palvon huulteni sametilla

      Viimeiseen kipinään

      Hiilistä harmaimpaan asti

Seison huikean huoneesi ovella

Koristeellinen punosköysi

pitää minut hienovaraisesti ulkopuolella

Etten mitään rikkoisi

Ei se mitään

Paikkani ymmärrän

Kynnyksellä hymyilen

Tänne asti ei erotu pöly tai kissankarvat !

Iho – kertoo väkevästi:

Olen elossa !

Tuntien, ei näkevästi

eik' minkään pelossa

Palo, polte teräksisen kiukaan hohkavan

Hyinen syli pakkasen on alla Otavan

Talja lampaan lempeästi rauhoittelee sen

Kunnes – kohtaa kosketuksen

Toisen ihmisen

Yö mustin, pimein

kätkee suurimman valon

Sen tuntisi sokea

ihollaan nokea

Sen maistaisi kuuro

vaikk' äänet kuin puuro

Suurimman Valon vain kuulee

ÖINEN KASINO

Pilvinen, uudenkuun sysiyö !   Pelinhoitaja

jakaa aistit uusiksi

Antaa kuulon terävän

Tunnon väkevän

Hajun erittelevän

Maun – mitä ikinä !   Mutta näön hän panttaa

kaukona tai likinä

Ei kanttaa

Yön soljuva liike hellä

Ei kiire sydämellä

Huudossa joutsenten

Iholla ihmisen

On kaikki.   Jakajan käsi.

AJAN ORJA

Kasvaa juuret kiinni tuoliin

Happi katoaa

Mieli karkaa metsiin, luoliin

Vaan tahdon patoaa

Tuo kello, peijakas

Sinulle

Minun tunteeni

ovat viheliäisiä voikukkia

kiusallisia rikkaruohoja

jotka ponkaisevat kukkimaan nurmikollesi

Yhä lyhyemmässä varressa

Lopulta leikkurisi terät eivät enää yllety pikkuaurinkoihin

Kun vihdoin tahdot tehdä kukistani seppeleen

Ovat ne liian lyhytvartisia

Ei niistä saa

Erota ei kilometrit

taipaleet tavattomat

Ei normit, parametrit

tavat oudot, omat

Ystävyyttä lujinta

Sielunveljeyttä syvintä

Yhteyttä ikiajan

rajan raivolla riko !

Suljen luomet

Ja olet siinä

Muistan huolella käsiesi suonet

Hehkusi

Silmien tuikkeen

Hetkinä niinä

Sieluusi sulin

Osaksi Jotakin tulin

Koskaan en enää aivan sama kuin ennen

Hämärän rajalla häilyt

Valon lapsi, Aamun poika

Lux Aeterna

Jäätävää on valosi

Aikojen alussa

Sydämesi vienyt

Pimeyden Enkeli

Vierellä oot

Valovuosien päässä

Tuli sydämessä

Pinta vain ikijäässä

Solinan oodi

Sulamisvesi

Koodi toivon

Jään mosaiikki raju

alla paukkuu, ulvahtaa

Kaukana on rannan paju

Jalka sohjoon solahtaa

Ei hätää

Kyllä kestää teräsjää

Ylle kaartuu tähtein rauha

Tyyni ikuisuus lauha

Tyhjyys antaa vastauksen

jonka tiesit – alun alkaen

Kun rakastat, elät !

Kuolevan ampiaisen raivolla

Raivolla ja epätoivolla

Hän katsoo

Vaatii mutta anelee

Vielä kerran tahtoo tuntea

Ihon ihoa vasten

Sulkeutua ikiaikaiseen taikapiiriin

Olla osa sitä, mikä erottaa ihmisen eläimestä

Olla osa sitä, mikä ihmisessä on eläimellisintä

Olla palava, polttava halu

Valkea liekki

Hymyilen kuin en ymmärtäisi

Kysyn

Ottaisitko vielä lusikallisen puuroa

Aistien valtakunnan kaikki kolkat

luulin jo nähneeni

Loppuun asti jumputeltu vuoristoradat irstailun tivoleissa

Tulit Sinä.

Herätit ihoni uuteen eloon

hipaisemattakaan.

Tiedän.

Meille taivaat avaat

kun aika on.

Kerrot meille

keitä olemme

Tähtien lapset

Ystävä kahvilla ensi kertaa

hiipii ikkunan ääreen

"Onpa kaunis tuo naapuritalo !"

"On tosiaan", myötäilen

"Ja mikä onni asua tässä rumemmassa

voin ikkunastani ihailla

tuota viereistä !"

Matka syliisi –

Metrin mittainen ikuisuus.

                    Kuilu, jota koskaan ei ylitetä

Kumpikaan ei luota riippusiltaan

rispaantuneeseen

kaiken nähneeseen

H

Herkkyys hipoo hulluutta

Höyhenellä hutittelee

Hihityksen hillittömän

hurmion hukuttavan

hysteriaan haihduttelee

Himon hekumallisen

huumorilla häivyttelee

Helppouden Hurmahenki

hekottelee huuman hautaan.

Rakkauden byrokratia

Kaikesta kauneudesta

kutsun Sinut

osalliseksi

Ylitän valtuuteni nauraen

Tule Rakkaani,

        tämä kesä, tämä elämä

        Se on Meidän

Lupahakemuksia en jätä

Käsittely kestäisi kuitenkin vuosia

Kielteisen päätöksen saapuessa

olisimme

jo osa horsmaa

Rannan kivien lasikruunut

tekevät eleetöntä kunniaa

Kuopattujen unelmien muistolle

Vielä hetki sitten

hehkuva kivinen kylki

poltti istujaa

Päivä on väkevä

Sen voiman on näkevä

Ken yöhön uskaltaa

On pimeydellä valtaa

Kietoo meidät uniin huimiin

Tai valveill' huoliin tuimiin

Pimeydellä

Syli hellä

Turva valon raakuudelta

Joka tuntuu totuudelta

Vaan aina sitä ei ole

ANNA VEDEN KANTAA

Sä anna veden viedä

Sun surus kauas pois

Älä yritä, et tiedä

Kuin onni olla vois

Kuin perhonen se hiljaa

lentää kädelles

Kun etsinnästä luovut

se avaa sydämes

Sana –

Pukee ajatuksen

Kuin vaate vartalon

Vailla sanaa, vaiennettu

on aatos alaston

Muodit monet lausunnossa

kautta vuosien

Yksi pysyy suosiossa

Totuus Sydämen.

Talven tyttö

Kesä minut kellisti

suvi suisti sijoiltaan

kietoi kepeyteen

kaatoi hellästi heinikkoon

keskelle perhosten, kukkain

kuori varoen vaatteet

tatuoi nimensä kalpeaan ihoon

lämmitti läpikotaisin

syöksyi syvälle sydämeen asti

silitti sinisiin uniin.

SUHDETOIMINTAA

Kun sä poimit sinimarjan

teet sen hellästi

Säännöstelet sormivoiman

purista et liiskaksi

Samoin kanssa ystävyyden

menetellä vois

Pitää kiinni, hyväksyen

luottamuksen lois

Saunoi ulos alakulon

orastavan onnen tulon

tunsi kehossaan !

Karkoitti hän hengen pahan

jälkeen jätti vanhan nahan

- Jo täydess' tehossaan !!!

Yllä kosken koivun kaari

Silta ainoa

Kuohuissa on onnen saari

Ei siellä vainoa

Vaan paljonko painoa

Kestää ranka tuo

Jos putoan, vie virran vuo

Viekö turvaan, rakkaan luo ?

Olet aina takki päällä.

Valmiina lähtöön

Ohikulkumatkalla

Varmuusketju ovessasi kaikkina vuorokaudenaikoina.

Jykevä perusilme

Linnoitus olet

Muttet arvoitus

Haavoittunut sielu.

Tulen ikkunasta, sinut yllätän !

EI SAVUA ILMAN

Tulen kätkee savuseinä

Sen silti tiedän olevan

Vaikk' liekkejä viel' ei nää

Tunnen roihun palavan

Taakse verhon uskallanko

Kättä arkaa ojentaa

Siellä satuaarre onko

Missä sydän rakastaa

Kutsuu tumma öinen syvyys

siihen uppoaa

Maassa lumen valkeus, hyvyys

sinne kurkottaa

putoaa

Hiutale hiljainen.

Kynsissä kylmän

pakkasen parina
saappaiden narina

Huutokin jäätyy

Vaan tähteä kohti
huimasti hohti

Jouluun se päätyy

taivallus tää

Mystinen hymy

sulkee Liian Tiedon portin.

Tunnen tämän sortin,

paikka on lymy

Ja minkä se kätkee asiattomilta

kannattaa sinne sulkea silta

Pandoran lipas

Se avaamatta jätä

luulit sitä taikka tätä

Onni mua hipas

olkapäästä mun

kun ymmärsin sun

Entisten olla

Tulevaisuus tässä

Lempi elämässä

SYYSUNELMAA

Kirpeys ilman nostaa karvat

Arkeen palattu

Raavittu on ässäarvat

Taika salattu

Syksyn aallot jyhkeämmin

rantaa rakastaa

Halaa viimat väkevämmin

Antaa pakastaa !

Kesken elon hektisen

poimi silmä näyn sen

Söit suklaata suojatiellä

Perillä itsessäs olit siellä

Ei kiire mihinkään

Ei pakoon itseään

Seinä välillämme

Seitinohut -

Betonia -

Itse olen Ristilukki

kutonut esteen eteeni

Ja kun verkkoni repeilee,

Sinä kiiruhdat

muuraamaan vallia väliimme

Aidan yli kurkimme toisiamme kuin pikkulapset

Katse tuo polttaa

reikiä lihaan

rakastan, vihaan

Tyyntä on tarjolla
mutta sen varjolla

valun
tahdottomuuteen   - Ei !!!

Päin myrskyä
tunnetta, tyrskyä

Ainakin olen elänyt.

Piikkilankaan

kietoo sydämen

Kiikkiin vaan

tyhmä ihminen

Rauta kirskuen

tunteen kuristaa

hennon rakkauden

kuiviin puristaa

nauraa Amor

roiskii nuoliaan

Sydäntäskö suojelet

vai miksi kiinni vedit verhot

Ei kuku enää ilon käki

ei lennä kämmenelle perhot

Vai liekö lempes kohde toinen

pian hiipui liekit virvan

Lampi kaunis nyt on soinen

pois iholtas kuin kirvan

                    minut heität

              hyvin peität

          aatokses

Eilinen kuin kivireki

Mieli apea

Päivä uus jo ilon teki

Tunne rapea

taasen poreilee !

ONNELLISET RANTAKALLIOLLA

Raivo meren

Rauha tähtien

Kuohu veren

Siitä lähtien

Yhteinen.

Uusikuu !

Aika alun, taikakalun !

Jos joku soimasi

Vohki Sun voimasi -

Muista, kuka olet !

Sinä !!!　　　　　Et kukaan muu.

Kurjet ja joutsenet -

nuo uskolliset

Niiden ylväät fanfaarit

Ikuisen Rakkauden pasuunat

Yht'äkkiä raatelevat

Kun Rakkain on poissa

joissa, virroissa, soissa

suru soljuu sanaton

Luonto kuulaine äänineen kuitenkin

Lohtu paras on.

Kustantaja: Books on Demand GmbH, Helsinki, Suomi
Valmistaja: Books on Demand GmbH, Norderstedt, Saksa
ISBN: 978-952-498-548-2